Vehicle [illegible] Log Book

Name/Company Name	
Address	
Telephone Number	
Vehicle License Plate	
Vehicle Make	
Vehicle Model	

Date from		**Date to**	
km from		**km to**	

really useful publishing co

Published by Really Useful Publishing Company
Publisher's Cataloguing–in–Publication data
Webster, David
A title of book: *Vehicle Journey Log Book - Canadian Edition* / David Webster

E&OE First Edition, 2017

ISBN–10: 1982050586 ISBN–13: 978-1982050580

	License Plate				Make / Model		
Date	Start Location	Start km	End Location	End km	Total km Driven	Driver Name	Purpose/Job Number/Client/Reason/ Notes

	License Plate				Make / Model		
Date	Start Location	Start km	End Location	End km	Total km Driven	Driver Name	Purpose/Job Number/Client/Reason/ Notes

License Plate		Make / Model	

Date	Start Location	Start km	End Location	End km	Total km Driven	Driver Name	Purpose/Job Number/Client/Reason/Notes

	License Plate				Make / Model		
Date	Start Location	Start km	End Location	End km	Total km Driven	Driver Name	Purpose/Job Number/Client/Reason/ Notes

	License Plate				Make / Model		
Date	Start Location	Start km	End Location	End km	Total km Driven	Driver Name	Purpose/Job Number/Client/Reason/ Notes

	License Plate				Make / Model		
Date	Start Location	Start km	End Location	End km	Total km Driven	Driver Name	Purpose/Job Number/Client/Reason/ Notes

	License Plate				Make / Model		
Date	Start Location	Start km	End Location	End km	Total km Driven	Driver Name	Purpose/Job Number/Client/Reason/ Notes

	License Plate				Make / Model		
Date	Start Location	Start km	End Location	End km	Total km Driven	Driver Name	Purpose/Job Number/Client/Reason/ Notes

	License Plate				Make / Model		
Date	Start Location	Start km	End Location	End km	Total km Driven	Driver Name	Purpose/Job Number/Client/Reason/ Notes

	License Plate				Make / Model		
Date	Start Location	Start km	End Location	End km	Total km Driven	Driver Name	Purpose/Job Number/Client/Reason/ Notes

	License Plate				Make / Model		
Date	**Start Location**	**Start km**	**End Location**	**End km**	**Total km Driven**	**Driver Name**	**Purpose/Job Number/Client/Reason/ Notes**

License Plate		Make / Model	

Date	Start Location	Start km	End Location	End km	Total km Driven	Driver Name	Purpose/Job Number/Client/Reason/Notes

License Plate		Make / Model	

Date	Start Location	Start km	End Location	End km	Total km Driven	Driver Name	Purpose/Job Number/Client/Reason/ Notes

	License Plate				Make / Model		
Date	Start Location	Start km	End Location	End km	Total km Driven	Driver Name	Purpose/Job Number/Client/Reason/Notes

License Plate:

Make / Model:

Date	Start Location	Start km	End Location	End km	Total km Driven	Driver Name	Purpose/Job Number/Client/Reason/Notes

License Plate

Make / Model

Date	Start Location	Start km	End Location	End km	Total km Driven	Driver Name	Purpose/Job Number/Client/Reason/Notes

License Plate		Make / Model	

Date	Start Location	Start km	End Location	End km	Total km Driven	Driver Name	Purpose/Job Number/Client/Reason/ Notes

License Plate		Make / Model					
Date	**Start Location**	**Start km**	**End Location**	**End km**	**Total km Driven**	**Driver Name**	**Purpose/Job Number/Client/Reason/ Notes**

License Plate		Make / Model	

Date	Start Location	Start km	End Location	End km	Total km Driven	Driver Name	Purpose/Job Number/Client/Reason/Notes

	License Plate				Make / Model		
Date	Start Location	Start km	End Location	End km	Total km Driven	Driver Name	Purpose/Job Number/Client/Reason/ Notes

	License Plate				Make / Model		
Date	Start Location	Start km	End Location	End km	Total km Driven	Driver Name	Purpose/Job Number/Client/Reason/ Notes

	License Plate				Make / Model		
Date	**Start Location**	**Start km**	**End Location**	**End km**	**Total km Driven**	**Driver Name**	**Purpose/Job Number/Client/Reason/ Notes**

License Plate		Make / Model	

Date	Start Location	Start km	End Location	End km	Total km Driven	Driver Name	Purpose/Job Number/Client/Reason/Notes

	License Plate				Make / Model		
Date	Start Location	Start km	End Location	End km	Total km Driven	Driver Name	Purpose/Job Number/Client/Reason/ Notes

	License Plate				Make / Model		
Date	Start Location	Start km	End Location	End km	Total km Driven	Driver Name	Purpose/Job Number/Client/Reason/ Notes

License Plate			Make / Model				
Date	**Start Location**	**Start km**	**End Location**	**End km**	**Total km Driven**	**Driver Name**	**Purpose/Job Number/Client/Reason/ Notes**

	License Plate				Make / Model		
Date	Start Location	Start km	End Location	End km	Total km Driven	Driver Name	Purpose/Job Number/Client/Reason/ Notes

License Plate		Make / Model	

Date	Start Location	Start km	End Location	End km	Total km Driven	Driver Name	Purpose/Job Number/Client/Reason/ Notes

	License Plate				Make / Model		
Date	Start Location	Start km	End Location	End km	Total km Driven	Driver Name	Purpose/Job Number/Client/Reason/ Notes

	License Plate				Make / Model		
Date	**Start Location**	**Start km**	**End Location**	**End km**	**Total km Driven**	**Driver Name**	**Purpose/Job Number/Client/Reason/ Notes**

	License Plate				Make / Model		
Date	Start Location	Start km	End Location	End km	Total km Driven	Driver Name	Purpose/Job Number/Client/Reason/Notes

License Plate					Make / Model		
Date	Start Location	Start km	End Location	End km	Total km Driven	Driver Name	Purpose/Job Number/Client/Reason/ Notes

	License Plate				Make / Model		
Date	Start Location	Start km	End Location	End km	Total km Driven	Driver Name	Purpose/Job Number/Client/Reason/ Notes

License Plate		Make / Model	

Date	Start Location	Start km	End Location	End km	Total km Driven	Driver Name	Purpose/Job Number/Client/Reason/ Notes

	License Plate				Make / Model		
Date	Start Location	Start km	End Location	End km	Total km Driven	Driver Name	Purpose/Job Number/Client/Reason/Notes

	License Plate				Make / Model		
Date	**Start Location**	**Start km**	**End Location**	**End km**	**Total km Driven**	**Driver Name**	**Purpose/Job Number/Client/Reason/ Notes**

License Plate		Make / Model	

Date	Start Location	Start km	End Location	End km	Total km Driven	Driver Name	Purpose/Job Number/Client/Reason/Notes

	License Plate				Make / Model		
Date	**Start Location**	**Start km**	**End Location**	**End km**	**Total km Driven**	**Driver Name**	**Purpose/Job Number/Client/Reason/ Notes**

License Plate		Make / Model	

Date	Start Location	Start km	End Location	End km	Total km Driven	Driver Name	Purpose/Job Number/Client/Reason/ Notes

	License Plate				Make / Model		
Date	Start Location	Start km	End Location	End km	Total km Driven	Driver Name	Purpose/Job Number/Client/Reason/Notes

	License Plate				Make / Model		
Date	Start Location	Start km	End Location	End km	Total km Driven	Driver Name	Purpose/Job Number/Client/Reason/ Notes

License Plate		Make / Model	

Date	Start Location	Start km	End Location	End km	Total km Driven	Driver Name	Purpose/Job Number/Client/Reason/Notes

	License Plate				Make / Model		
Date	Start Location	Start km	End Location	End km	Total km Driven	Driver Name	Purpose/Job Number/Client/Reason/Notes

License Plate		Make / Model	

Date	Start Location	Start km	End Location	End km	Total km Driven	Driver Name	Purpose/Job Number/Client/Reason/ Notes

	License Plate				Make / Model		
Date	Start Location	Start km	End Location	End km	Total km Driven	Driver Name	Purpose/Job Number/Client/Reason/ Notes

	License Plate				Make / Model		
Date	Start Location	Start km	End Location	End km	Total km Driven	Driver Name	Purpose/Job Number/Client/Reason/ Notes

	License Plate				Make / Model		
Date	Start Location	Start km	End Location	End km	Total km Driven	Driver Name	Purpose/Job Number/Client/Reason/ Notes

License Plate		Make / Model	

Date	Start Location	Start km	End Location	End km	Total km Driven	Driver Name	Purpose/Job Number/Client/Reason/ Notes

	License Plate				Make / Model		
Date	Start Location	Start km	End Location	End km	Total km Driven	Driver Name	Purpose/Job Number/Client/Reason/ Notes

	License Plate				Make / Model		
Date	Start Location	Start km	End Location	End km	Total km Driven	Driver Name	Purpose/Job Number/Client/Reason/Notes

License Plate		Make / Model	

Date	Start Location	Start km	End Location	End km	Total km Driven	Driver Name	Purpose/Job Number/Client/Reason/ Notes

License Plate		Make / Model	

Date	Start Location	Start km	End Location	End km	Total km Driven	Driver Name	Purpose/Job Number/Client/Reason/ Notes

	License Plate					Make / Model		
Date	Start Location	Start km	End Location	End km	Total km Driven	Driver Name	Purpose/Job Number/Client/Reason/Notes	

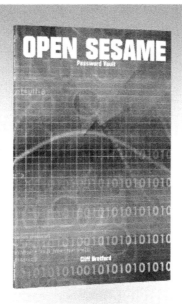

Made in the USA
Monee, IL
16 September 2021